LES COUPS DE PATTE

D'UN PÈLERIN

JETÉ PAR-DESSUS BORD.

par

VICTOR GRENIER

Prix : 1 franc 25

Typ. Th. Cazal. (Saint-Denis Réunion)

1877.

LES COUPS DE PATTE

D'UN PÈLERIN

JETÉ PAR-DESSUS BORD.

— ● —

Connûtes-vous feu Papillon Léger, du temps de sa grandeur municipale et coloniale ?
— Non ? — Vous perdîtes.

Ce pauvre diable est resté sur le carreau, dans la dernière bataille électorale du canton St-Leu. Le suffrage universel, par la plus monstrueuse de toutes les ingratitudes, sans égards pour les travaux, services talents et mérites de ce grand citoyen, l'a indignement tombé, ereinté, emballé, blackboulé !

De sorte qu'après avoir été une grosse tête dans son endroit, après avoir été un personnage politique se prenant réellement au sérieux, le brillant Papillon Léger, autrefois membre du conseil de commune, et représentant du canton St-Leu au conseil général, n'est plus hélas ! aujourd'hui qu'un simple mortel, Gros Jean comme devant, attendant modestement et tristement, sur le pas de sa boutique, le client qui vient s'approvisionner de morue, maquereau, snoek et autre poisson salé. Quelle chute, quand on avait rêvé l'écharpe municipale avec des galons d'or. L'ex-représentant de St-Leu au conseil de commune et au conseil général est donc, comme nous venons de le dire, un bipède du genre épicier, faisant un peu dans le calicot et la quincaillerie, commerçant bon à tout vendre, négociant en raccoursi, courant à la fortune par tous les petits ruisseaux qui font les grandes rivières. Somme toute, épicier politicien, variété amusante.

Ajoutons, pour compléter le tableau, que le dit spéculateur en comestibles et autres marchandises, s'exerce quelque fois à faire de la littérature satyrique pour le Nouveau Salazien. Ces essais d'indépendance contre les règles du bon sens, de l'orthographe et de la grammaire française font l'admiration du citoyen Beaudonis, et Thomas Diafoirus s'empresse de leur donner une place d'honneur dans la feuille de chou rouge qu'il offre trois fois par semaine à ses abonnés. C'est toujours ce qui arrive quand il s'agit d'injurier et de diffamer des membres honorables du conseil général qui n'ont pas le bonheur de professer les mêmes opinions politiques, que monsieur le secrétaire archiviste du conseil. Bienheureux encore, quand le dit secrétaire archiviste ne vient pas lui-même, et de sa main, attaquer des conseillers a qui il doit au moins quelque déférence, puisqu'il font partie de l'assemblée dont lui secrétaire archiviste, il tient sa position.

Cette observation étant faite, nous revenons à notre Papillon Léger qui vient de commettre dans le Nouveau Salazien un article qui, à tous les points vue, mérite bien certainement correction.

Cependant n'allons pas trop vite, et prenons les choses d'un peu haut, pour bien faire comprendre la position à nos lecteurs.

Nous avons déjà présenté notre pélerin jeté par dessus bord, à l'époque des dernière élections de St-Leu : ajoutons encore quelques mots avant d'entrer dans le fond de notre sujet.

Lorsque 1870, l'année terrible, nous ramèna la troisième république française, le citoyen Papillon Léger, se mit devant sa boutique, se croisa les bras à la manière de Napoléon le Grand. De son pouce droit il s'écrasait le bout du nez, ce qui donnait à ses larges narines une ouverture démesurée : Le citoyen épicier cherchait évidemment une idée. Il paraît qu'il l'a trouva, car tout à coup il se mit à sourire de l'air de Macbeth, lorsque les sorcières murmuraient dans l'air : « Macbeth tu seras roi ! » — Il paraît que le citoyen Papillon Léger aurait entendu quelque puissance infernale lui annoncer qu'il serait un personnage colonial, d'une façon générale, et spécialement le maire de la commune de Saint-Leu.

Quoiqu'il en soit, le citoyen épicier, jeta de côté le casque à mèche de coton, couvre-chef classique des spéculateurs de son métier, et s'affubla bravement du bonnet phrygien qu'avait porté le bon vieux roi Priam, avant la prise de Troie. Il devint républicain enragé, républicain rouge, républicain sang de boeuf ; — il devint démocrate, libre penseur, radical, et le reste. Voyez-vous quelle transformation pour un ancien enfant de chœur, qui a servi la messe au lycée, comme il vous l'apprend lui-même ! — Évidemment le citoyen Papillon Léger comptait sur l'avènement des nouvelles couches sociales.

Il faillit, un moment, voir ses espérances réalisées. Dans un moment carnavalesque de pochade électorale, l'éminent Papillon Léger fut nommé, d'abord membre du conseil de commune et ensuite représentant de Saint-Leu au Conseil général ! — Le suffrage universel commet quelquefois de ces erreurs-là. Mais pour le coup, la farce était trop forte, et quand arriva le temps de procéder à de nouvelles élections, le pauvre Papillon Léger fut partout remplacé par un homme sérieux, les électeurs finirent par comprendre qu'il n'y avait pas lieu de plaisanter dans les affaires graves. — L'honorable M. Dussac fut appelé à remplacer, tant au conseil de commune qu'au conseil général, le pauvre Papillon dégommé. Indè iræ !

Quand on n'a pas une grande valeur personnelle, et qu'on est assez insignifiant au point de vue intellectuel, moral ou matériel, à tous les points de vue possibles ; quand on n'a ni talent, ni fortune et, que cependant on a la manie de vouloir passer pour un personnage d'importance, il est dur de perdre brusquement une de ces petites positions honorifiques, qu'on ramasse, en se baissant, dans les cohues du suffrage universel, et qui font momentanément quelqu'un ou quelque chose, de n'importe quel animal descendant des singes d'Afrique. C'est le cas de ce pauvre

Papillon Léger. Quand il était membre du conseil de commune, et Représentant du canton de Saint-Leu au conseil général, il était cela, mais rien que cela ; quand il fut dégommé il ne fut plus rien du tout, absolument rien.

Il ne faut pas confondre les choses, en comparant les petites avec les grandes. Quand M. Thiers a cessé, le 24 mai d'être Président de la République Française, il est resté le Grand historien, l'illustre vieillard, le grand homme d'état, dont le nom retentit à chaque instant dans les cinq parties du monde. Quant au citoyen Papillon Léger, après avoir été blackboulé aux dernières élections, il est purement et simplement retombé dans le quatrième dessous, et il n'avait, pour être bien sage, qu'à reprendre la direction de sa boutique et la vente de son poisson salé.

Il n'a pas pensé ainsi. Il s'acharne à vouloir être un homme politique. Il se lance dans la polémique acerbe et personnelle et veut tâter de la littérature néo-Salazienne. Il veut frapper et mordre, il est furieux. Arrêtons ce monsieur !

Ah ! mais c'est qu'il est réellement remarquable dans sa nouvelle attitude! On l'a vu le jour des élections où il a été si bien creusé. Il comptait sur le succès le plus complet. Il souriait aussi gracieusement que possible. Il avait préparé un banquet homérique, où devaient prendre place, dans la soirée, tous les électeurs qui avaient travaillé à son triomphe. Hélas! quand le Président du bureau électoral annonça le résultat du scrutin, et que M. Dussac fut proclamé le représentant de de Saint-Leu, le pâle et pauvre Papillon disparut comme un éclair, on le chercha vainement, il s'était évanoui. Les lampions qui avaient été préparés pour illuminer la devanture de sa maison durent disparaître au fond de la cour, et les chapons et les dindons durent faire relâche. Les convives trouvèrent portes closes, et s'en allèrent sans dîner. Nous ne parlons pas de la sérénade qui fut décommandée. Ce fut un véritable désastre. On pensait après une semblable leçon, que le citoyen Papillon Léger, renoncerait pour toujours aux fâcheuses agitations de la vie politique.

Mais nen! après avoir disparu pendant un moment, il croit pouvoir ressusciter. Il pense revenir sur l'eau au moyen d'une question d'eau, et tout naturellement, il a pris pour tête de Maure, l'honorable M. Dussac a qui il ne pardonnera jamais ses infortunes électorales.

Plus que jamais, depuis quelques temps, l'ex-représentant degommé de St-Leu, se montre prodigieusement affairé. A chaque instant, on voit passer l'habit noir de Papillon Léger, avec Papillon Léger dedans. Les deux queues du vêtement soulevées par le vent, donnent assez l'idée de deux grandes ailes noires qui soutiennet Papillon dans l'air. On voit en même temps les deux bras qui s'agitent en manière de télégraphe aérien, pendant que la tête entourée d'un agréable rouleau de cheveux pommadés, et appuyée sur une cravate blanche et un immense col de chemise, vous rappelle, comme nous l'avons déjà dit dans une autre occasion, un gros bouquet planté dans un cornet de papier blanc.

Pourquoi donc ce citoyen démocrate se donne-t-il tant de mouvement ? Il est en état d'incubation. Il compose un morceau littéraire pour le Nouveau Salazien. Le produit de son élucubation scientifique sera une attaque contre M. Dussac. C'est tout naturel.

Le citoyen Papillon Leger vient de lire, à la mairie une affiche annonçant, aux termes de la loi, que M. Dussac propriétaire foncier de la localité, vient de faire à l'administration une demande d'une certaine quantité d'eau nécessaire aux besoins de son établissement. C'est ce que Papillon Léger ne peut pas admettre du tout, et c'est ce qui l'exaspère. Comprenez-vous cela ! Vous demandez de l'eau qui doit servir à l'industrie et à l'agriculture, quand on pourrait si intelligemment la laisser perdre sans profit pour personne. Et c'est monsieur Dussac, lui-même, qui a l'insigne audace de faire une semblable demande en présence de ce Papillon Leger dont la spécialité aquatique a été reconnue depuis longtemps par tous les habitants de Saint-Leu ! Mais c'est intolérable en vérité, et pour faire une pareille demande, il faut que l'honorable M. Dussac ait réellement le diable au corps !

Mais n'anticipons pas sur les détails de la discussion qu'il est utile d'offrir sérieusement au public, et procédons par ordre, en entrant en matière.

M. Dussac a donc fait à l'administration supérieure une demande en concession d'une certaine quantité d'eau nécessaire aux besoins de son établissement. Voici les termes de cette demande que nous reproduisons textuellement :

« A Monsieur le Gouverneur en conseil privé, constitué en conseil du contentieux administratif

Monsieur le Gouverneur,

Le soussigné à l'honneur de vous exposer respectueusement, qu'il possède une propriété à St-Leu, au lieu dit le Cap, et que, tant par ses auteurs comme propriétaires, que par lui même, il a joui sans interruption ni contesté, depuis 1830 jusqu'en 1871 — c'est-à-dire pendant 41 ans — concurremment avec la commune de St-Leu, de l'eau qui est conduite à ce quartier par des tuyaux qui sont en fonte. Cette jouissance lui a été retirée par un arrêt de la cour d'appel.

Peu de tems avant le procès qui a donné lieu à l'arrêt précité ; le requérant, comptant sur cette eau qu'il possédait depuis si longues années, fît l'acquisition du domaine sucrier de Recouvrance qui abornait sa propriété, pour la somme de douze cent mille francs. Mais à partir du retrait de l'eau qu'il se proposait de mener à l'établissement de sucrerie qui n'en a pas suffisamment — l'entretien de l'atelier composé d'un nombreux personnel, et des animaux de charroi qu'il avait sur sa propriété du Cap, est devenu de jour en jour plus difficile, et enfin impossible, ce qui l'a forcé de se transporter ailleurs au grand détriment de ses intérêts; il suffit quelquefois d'événements bien moins remarquables pour compromettre une position.

En outre de ces motifs, il existe encore un autre bien puissant qui consiste en ce que le canal de la commune passe sur la propriété du requérant, et le grève d'une servitude sur son parcours de plus de quatre kilomètres.

La commune de St-Leu, qui n'a jamais été propriétaire des eaux de cette source, en demande aujourd'hui la concession au pouvoir compétent, par la requête de M. le Maire enregistrée au secrétariat du conseil contentieux sous le numéro 855. Il est donc évident que la question est clairement définie, et que tout le monde a le droit de demander la concession des eaux de cette source.

Toutefois, le soussigné, afin de ne pas être un obstacle à l'obtention de la source, qui a été l'objet du procès, sollicitée par M. le Maire de Saint-Leu, et malgré ses pressants besoins, voulant que l'approvisionnement de l'eau soit assuré à la partie de la population qui en jouit ; ne vient pas Monsieur le Gouverneur, vous demander à son tour la concession de la totalité de cette source, ni la moitié, ni même la portion qui lui revenait par l'acte de règlement intervenu en la commune et lui ; il se borne à solliciter de votre bienveillance la modeste concession d'un pouce fontainier, prendre au canal sur le même point où à était sa dernière prise.

Le requérant ose espérer que, sous le mérite des raisons exposées ci dessus et de sa modération dans sa demande, vous ferez droit à sa requête et en même tems, justice.

Il est avec le plus profond respect, Monsieur le gouverneur,

Votre très humble et très obéissant serviteur.

« Signé : Dussac »

Voilà qui est clair, simple et limpide, et certainement il n'y avait pas lieu de pousser les hauts cris que le citoyen Desvallons Enger a fait sortir du fond de sa poitrine indignée.

Mettons de côté les noms propres. Une commune fait à l'administration supérieure la demande d'une concession d'eau. Cela prouve probablement que cette eau ne lui appartenait pas, puisqu'on ne demande pas ordinairement la concession d'une chose dont on est propriétaire.

Maintenant si la commune qui, dans cette occasion, est un particulier comme un autre, croit faire une demande de concession, on ne voit pas pourquoi un propriétaire quelconque de la localité n'aurait pas le droit de faire la même demande qu'elle. C'est à l'administration supérieure qu'il appartient de décider souverainement, d'après les considérations et motifs qui sont soumis à son appréciation.

Or voici les considérations et motifs qui sont soumis à l'appréciation de l'administration supérieure : Le pétitionnaire reconnait parfaitement que l'eau est le principal besoin des êtres jouissant de la vie végétale ou animale, et spécialement des habitants du hameau de St-Leu, dont la population ne s'élève pas à plus de deux ou trois cents personnes, le reste des habitants de la commune étant disséminé dans les campagnes et n'ayant aucun intérêt à faire du quartier proprement dit une espèce de mare à canards, pour agrémenter le paysage qui s'étend devant la demeure du citoyen Desvallons Euger.

Il faut de l'eau sans doute ; mais lorsque les besoins sont satisfaits, il est parfaitement inutile, pour ne pas dire autre chose, de perdre et de gaspiller dans des endroits déterminés qui s'appellent des fontaines publiques, un élément de richesse qui porterait la vie et la fertilisation ailleurs.

C'est justement ce que le pétionnaire soutient. Dans l'état actuel du canal de la commune, Saint-Leu a beaucoup plus d'eau qu'il ne lui en faut. On peut en faire la preuve. Si on calcule la quantité considérable d'eau qui s'écoule de la fontaine monumentale placée en face de la boutique du sieur Desvallons Ruger, et des autres fontaines dispersées ça-et-là dans le quartier, on verra que les habitants de St-Leu ont chacun à dépenser par jour une quantité qui dépasse quarante ou cinquante barriques d'eau. C'est trop pour la soif la plus pantagruélique. Aussi l'eau se perd-t-elle partout. Sur la place située en face la demeure de M. Desvallons, où se trouve la fontaine monumentale dont nous avons parlé plus haut, l'eau se perd en si grande quantité, que la place se trouve transformée en une véritable mare, dont les habitants du voisinage se servent pour élever une foule de palmipèdes de toute espèce : M. Desvallons Ruger lui-même, a peut-être aussi l'avantage de se livrer à l'éducation de ces intéressants volatiles.

C'est bien, mais il faut avouer que l'eau serait plus utilement employée, si les besoins du quartier étant satisfaits, on la ferait servir, pour l'excédent, à l'agriculture et à l'industrie.

C'est justement ce qu'il faut comprendre dans la pétition de M. Dussac. Cet honorable propriétaire n'a jamais eu l'intention d'être la cause directe ou indirecte d'une invasion d'hydrophobie à St-Leu. Pourquoi donc a-t-il été aboyé ? — Affaire d'envie dans un petit pays, et surtout, affaire de rancune électorale comme nous l'avons expliqué plus haut.

C'est ici le moment de faire passer sous les yeux du lecteur l'article que le citoyen Desvallons Euger a publié dans le Nouveau Salazien, à la date du 9 août courant. Nous reproduirons en entier, paragraphe par paragraphe, ce document historique, pour en faire ressortir les incomparables beautés. Ce sera peut-être un peu long, mais la chose est amusante, et en vaut bien la peine.

Ce morceau de littérature interlope, écrit avec une intelligence charmante sous le double rapport de la forme et du fond, a pour titre : QUESTION D'EAU.

Sous ce même titre, qu'il parait affectionner d'une façon toute particulière, l'éminent ex-conseiller général, ci-dessus nommé, a fait, ou fait faire une brochure, où il traite toujours la même question pour attaquer et combattre l'honorable M. Dussac, dont la personnalité l'offusque décidément. Cette pauvre brochure, qui, pour le citoyen Desvallons est un véritable monument scientifique, économique et littéraire, est citée comme une autorité par le dit Desvallons qui la rappelle à chaque ligne, dans l'article que nous allons analyser. C'est la loi et les prophètes ! Voici la manière de raisonner du Desvallons : « Messieurs et mes dames, ce que j'ai l'honneur de vous dire est incontestable, c'est véridique on peut m'en croire, consultez plutôt Desvallons, Brochure Question D'eau. » C'est parfait ! On n'est pas plus naïf. C'est avec des arguments de cette force qu'on prétend se faire prendre au sérieux ! — Constatons néanmoins que le citoyen Desvallons Enger, qui a fait sa spécialité des questions d'eau et des attaques contre M. Dussac, n'est pas très-varié dans ces conceptions littéraires : Il faudrait quelque chose de plus neuf. Toujours de l'eau : Le public est ennuyé de cette littérature à l'usage des canards et des grenouilles. Mais le citoyen Desvallons ne veut pas en démordre, il est pour la question d'eau, c'est par là qu'il vaut, s'il vaut quelque chose ; c'est par les questions d'eau qu'il a l'espoir de se relever de sa dégringolade, en attendant il veut vivre et mourir dans les questions d'eau. Voyez jusque où il pousse son étrange manie :

Il y a comme nous l'avons dit plus haut, sur la place située en face de la boutique Desvallons, un fontaine monumentale qui débite une quantité d'eau considérable. Cette fontaine, produit architectural d'un maçon quelconque, se compose d'un immense bassin circulaire au milieu duquel s'élève une colonne carrée de six pieds de haut, qui laisse échapper l'eau par quatre gros robinets en cuivre adaptés sur chacune de ses faces : La colonne attend, dit-on, le buste de M. Lessandière, ancien maire de Saint-Leu, et bienfaiteur de sa commune. Et bien, le croirait-on ? Le citoyen Desvallons Enger a fait construire sur son caveau de famille, au cimetière, un monument tout à fait semblable à la fontaine qui se trouve sur la place de Saint-Leu ; il n'a pas encore placé son buste sur la colonne de cette sinistre caricature, il attend ! Eh bien, pendant qu'il attend, ne pourrait-on pas lui donner le conseil d'y placer une cruche vide ? C'est peut-être une idée.

Quoi qu'il en soit, revenons à l'article du Nouveau Salazien :

« Question D'eau.

Monsieur Dussac va-t-il réussir à faire encore souffrir de la soif la population de Saint-Leu? Telle est la grosse question qui se dégage de la demande qu'il ose faire à Monsieur le Gouverneur actuel et qui se trouve affichée à la mairie de Saint-Leu. »

Voilà un commencement qui promet. Ne chicanons pas sur l'élégance du style qui offre beaucoup à désirer, contentons nous d'apprécier le fond. M. Dussac dont nous avons précédemment fait connaître la demande, parfaitement fondée en droit et en raison, est représenté par le citoyen Desvallons, à peu près comme un malfaiteur qui a déjà fait souffrir les habitants de la soif, et qui cherche à recommencer la série de ses méfaits ; et le Desvallons se demande si une pareille audace doit être couronnée de succès !

En vérité ! Employer un pareil langage, quand on s'adresse à un homme honorable et justement honoré dans sa commune, n'est-ce pas fouler aux pieds le sentiment de toutes convenances; n'est-ce pas se livrer à des excès d'injure et d'outrage qui ne sont justiciables que des tribunaux? M. Desvallons qui ne se croit pas un ignorant, oublie donc chargé d'enseigner la grammaire et les éléments de la langue française au citoyen Desvallons Euger. Voilà une demande ironique où l'on découvre facilement la recherche d'anciens abus qui font retentir le conseil municipal et la presse ! — Nous nous demandons en vérité dans quel village iroquois on apprend à parler un semblable langage. — Mais continuons la citation de cette prose supérieurement grotesque. L'éminent citoyen Desvallons après avoir « fait retentir d'abus la presse et le conseil, » arrive par un dégagé spécial à procurer la tranquillité à St-Leu : Voici :

« La tranquillité revient dans la population (il paraît que la population n'était pas tranquille et qu'elle faisait beaucoup de bruit : c'était probablement un effet de la soif) enfin satisfaite, le silence s'est fait sur cette grave affaire (la population satisfaite a bu) et quel n'est point aujourd'hui notre étonnement de voir M. Dussac en face du nouveau chef de la colonie s'armer du vieux piège (quel vieux piège ? citoyen Desvallons) contre la municipalité de St-Leu ! Il entreprend de traiter une nouvelle affaire d'eau plus grave encore que l'ancienne, en effet ! (on verra dans un moment » combien cet en effet est bien trouvé) il ne demande pas la totalité de la source à laquelle il se croit en droit de prétendre comme tout le monde, mais seulement une quotié fixe (mais alors ,citoyen, ce n'est pas plus grave que s'il demandait la totalité, et votre en effet n'a pas l'ombre de sens commun) et qu que le code pénal, et les lois spéciales sur la presse, punissent la diffamation et l'injure aussi bien que le délit d'excitation au mépris et à la haine des citoyens les uns contre les autres. Or tous ces délits sont compris évidemment dans le paragraphe que nous venons de citer. Que M. Desvallons y pense sérieusement, il pourrait lui en cuire : Le ministère public est quelquefois bien sévère pour certaines individualités de ce ton qui se croient tout permis, et qu'il est cependant bien facile de mettre à la raison. Peu nous importe, notre but est de démontrer seulement que les attaques de M. Desvallons sont injustes et mal fondées, le reste ne nous regarde pas. Continuons notre citation :

« Dans cette demande ironique, (oh ! ironique est bon, ironique nous plait, ironique est d'une force réellement colossale) il est facile de découvrir la recherche d'un retour aux anciens abus dont le conseil municipal et la presse ont retenti pendant plusieurs années — « Journal du Commerce » en 1867, « Courrier de St-Pierre » en 1870, « Réforme libérale » en 1871 — abus auquel notre Gouverneur, l'honorable M. de Lormel, a pu mettre fin en dégageant pour toujours la commune de toute affaire avec M. Dussac — Arrêt de la cour d'appel du 29 avril 1871 et arrêt de la cour de cassation de juin 1874. — «

Arrêtons nous ici un moment pour marquer un mauvais point au professeur qui a été jadis peut devenir la totalité du canal communal à l'époque des sécheresses rigoureuses. (Oui, vous ajoutez cela ; mais ici nous vous prenons en flagrant délit de mauvaise foi, car M. Dussac dit lui-même, dans sa demande, qu'il n'entend pas faire obstacle à la jouissance de la commune, et qu'il ne demande que l'eau dont le public n'a pas besoin. D'ailleurs est-ce que l'administration n'est pas toujours là pour mettre à ces concessions telles conditions jugées nécessaires à l'intérêt général ?

Passons maintenant au paragraphe suivant, où le citoyen Papillon Léger a l'air de vouloir insinuer qu'il a de l'esprit :

« Monsieur Dussac, dit il, revient à la charge, avec habileté, il ne lui manque cette fois que son refrain gascon, qu'il a publié dans le « Courrier de St-Pierre » en date du 26 mai 1870, No 414 et précédents :

> Mouss' dé Bisanos
> A lou diablou dans les os.
> Aquet biel Berobs
> Partout qui reussès. »

Le lecteur ne s'attendait certainement pas à voir un refrain gascon introduit dans cette affaire. Une chose à remarquer, c'est que le citoyen Papillon Léger ne manque jamais d'introduire ce fameux refrain dans toutes ses élucubrations littéraires contre M. Dussac. C'est toujours mouss' dé Bisanos par ci, mouss' dé Bisanos par là : un article du sieur Desvallons n'est pas complet, s'il ne contient pas quelque part un fragment plus ou moins exact du fameux refrain gascon. Le fait est que l'ex-représentant de St-Leu croit être incisif et mordant dans sa citation, mais qu'il n'en comprend ni le sens ni la portée. Par charité, nous allons lui expliquer la chose. Voici : Il paraît qu'au pays Béarnais, il y avait un bon curé qui avait mérité les attaques de quelques paysans libres penseurs à qui il n'avait jamais fait que du bien, lesquels avaient trouvé plaisant de le chansonner dans leur patois.

Voici le couplet exact, estropié par le citoyen Desvallons, qui n'y a jamais rien compris, et qui croit être très spirituel quand il le rappelle en gouaillant :

    Mouss' dé Bisanos
    Qu'a lou diablou aous os :
    Toustem baguey dit
    Craignez soun crédit ;
    Malgré las petitions
    Et las proutections,
    Aquet biel Bernès
    Toustem qué reussis.

— Ce qui veut dire en français :

    Monsieur de Bisanos
    A le diable dans les os ;
    Je vous l'ai toujours dit,
    Craignez son crédit ;

Malgré les pétitions
Et les protections,
Ce vieux Béarnais,
Toujours réussit.

Monsieur Dussac a fait allusion à ce bon Monsieur de Bisanos, dans un article qu'il a publié en effet dans le « Courrier de Saint-Pierre, » lorsque les paysans libres penseurs de Saint-Leu ont jugé à propos de diriger contre lui des attaques aussi injustes que ridicales : le public jugera si le citoyen Desvallons Euger a compris le sel de la plaisanterie dont il était peut-être le principal objet.

Après les quatre paragraphes que nous venons de citer, et qui lui servent d'entrée en matière, le citoyen Desvallons se met à discuter la demande en concession de M. Dussac. Malgré toute la bonne volonté que nous voulions y mettre, il nous est impossible de transcrire ici toute la fin de son long et filandreux article, qui ne contient pas moins de quatre colonnes dans le Journal. L'espace nous manquerait, et le lecteur ne serait peut-être pas précisément enchanté d'être obligé de digérer une si forte dose de la prose de Desvallons. Nous nous contenterons donc d'analyser, mais scrupuleusement, les paragraphes qu'il nous reste à examiner.

M. Desvallons débute par une assertion qui est au moins très peu parlementaire en disant que M. Dussac, dans sa demande, expose à M. le Gouverneur tout le contraire de la vérité. Cela s'appelle mentir, et M. Desvallons comprendra qu'il ne peut pas y avoir de mensonge dans la circonstance, parce que d'abord, il s'agit d'un homme du caractère de M. Dussac et qu'en suite, il s'agit de faits qu'il est très facile de vérifier.

Il est vrai que M. Desvallons ajoute que c'est « le contraire de la vérité » démontrée dans sa fameuse brochure intitulée Question d'Eau; mais malgré l'admiration que mérite ce monument littéraire et scientifique, gigantesque produit des compilations plus ou moins indigestes du dit Desvallons Euger, il faut reconnaitre cependant qu'il n'a pas encore acquis l'autorité nécessaire et suffisante pour que tout ce qui s'y trouve soit considéré comme parole d'Evangile : il est même douteux que cette production puisse jamais servir à l'auteur de marchepied pour arriver à l'académie des sciences, et encore moins à l'académie des lettres. Nous laisserons donc de côté la brochure Question d'Eau de St-Leu, sans nous en occuper d'avantage.

M. Desvallons reproche à M. Dussac d'avoir dit dans sa demande, qu'il a joui, lui ou son auteur, M. Lossandière, de l'eau du Cap depuis 1830 jusqu'en 1870, quand selon lui et sa brochure, c'est en 1832 seulement, qu'un arrêté du Gouverneur a concédé deux sources d'eau à Mme veuve Lossandière dans la Ravine du Cap: — Eh bien, qu'importe ? cela empêche-t-il que M. Lossandière ait joui de cette eau depuis 1830 ?— La jouissance n'était pas régulière, possible !

mais elle n'en existait pas moins. Le fait est indéniable, et c'est ce que M. Dussac avance.

Est-ce que la commune ne jouit pas depuis longtemps de l'eau d'une source de la Ravine du Cap sans être parfaitement en règle ? N'est-ce pas justement pour cela qu'elle éprouve le besoin de demander aujourd'hui une concession régulière ? Elle est parfaitement dans la même position que M. Dussac. Pourquoi ce dernier ne ferait-il pas aussi une demande en concession ?

Il faut reconnaitre que depuis fort longtemps les propriétaires de l'habitation Le Cap ont été souvent en contestation avec la commune, à propos de la jouissance des eaux de la Ravine, c'est ce qui explique toutes ces discussions dans le conseil municipal de St-Leu que M. Dsvallons répète avec complaisance dans son article, après les avoir insérées dans sa brochure : depuis les avis du maire, de M. de Villèle, et de M. Dussac lui-même. Mais de tout cela, Quid juris, puisque tout était irrégulier, il s'agit aujourd'hui de régulariser la position pour tout le monde ?

Ce qu'il y a de certain c'est qu'il y a dans la Ravine du Cap quatre sources. La commune a eu la concession de la première en 1791, — Mme Lossandière, auteur de M. Dussac, a obtenu la concession de deux autres en 1852, et enfin M. Lesport s'est fait concéder la quatrième. Nous savons que toutes ces concessions sont irrégulières. Un chose qu'il faut remarquer c'est que les deux sources que l'on veut laisser à M. Dussac pour les besoins de sa propriété du Cap ne donnent plus d'eau depuis longtemps, et que la seule qui donne un volume d'eau considérable est celle que M. Desvallons veut attribuer exclusivement à la Commune. Pourquoi ? Quand surtout un veillard de la localité, appelé comme témoin dans une enquête judiciaire, a déclaré que l'eau de la commune, concédé depuis 1791, était l'eau de la source Panon, et non pas l'eau de la source, qui approvisionne actuellement le canal communal, situé à plus de deux cents mètres au dessus de la source Panon :

Maintenant, M. Desvallons Enger qui reproche à M. Dussac de ne pas dire la vérité n'a pas craint lui-même d'écrire ce qui suit dans son article inséré au Nouveau Salazien :

« M. Dussac s'efforce de représenter la sucrerie qu'il a achetée en 1870 comme menacée de périr faute de l'eau du Cap, alors que cette même sucrerie, alimentée par les eaux de la ravine des Avirons, a été créée à l'aide d'une prise d'eau d'un pouce fontainier, reconnu par M. Pierre Degoigne, sur sa grande conduite d'eau, terminée le 24 février 1854, aux termes d'une relation publiée au Moniteur du 3 juin 1854, No 223 (quelle minutieuse étudiation ! quel inutile étalage de détails insignifiants, pour paraître exact quand on n'est que ridicule et filandreux.) Depuis 1854, la susdite sucrerie n'a pas chômé ; au contraire elle s'est adjoint un alambic depuis qu'elle s'appelle Stella-Matutina. »

Si dans cette dernière phrase, le citoyen Desvallons a cru faire le bel esprit, ou l'esprit fort, il s'est étrangement trompé, et nous le plaignons bien sincèrement de s'adonner à des plaisanteries de cette force. Mais laissons cela, et parlons d'intelligence et de bonne foi : Où M. Desvallons a-t-il pris ce que nous venons de transcrire plus haut ? Où a-t-il vu que M. Dussac s'efforçait de représenter sa sucrerie, achetée en 1870, comme menacée de périr faute de l'eau du Cap ? — Nous avons reproduit précédemment la demande de M. Dussac. Il faut que M. Desvallons ne l'ait pas comprise, ou que par une insigne mauvaise foi, il forme intentionnellement une confusion perfide pour égarer ceux qui n'ont pas connaissance de la position. Sans doute M. Dussac dit que l'eau qu'il demande lui est nécessaire pour les besoins de l'exploitation de son habitation, où elle était conduite ; mais mais quelle habitation ? La sucrerie La Recouvrance achetée en 1870 ? Non ! mais la propriété du Cap acquise de M. Lossandière, et qui jouissait depuis 1830 de l'eau en question ! — Voilà comme s'écrit l'histoire. Alors que devient le beau paragraphe que nous venons de citer ?

Le reste est encore de même force et de même valeur ! M. Dussac est signalé à la haine de ses concitoyens, parce qu'il ne veut pas qu'on mette de l'eau « en plus dans le canal communal » et qu'au contraire « il veut en tirer à son profit au grand préjudice de la commune par attachement à un passé auquel il veut retourner. »
De plus M. Desvallons ajoute qu'en 1870, M. Dussac a fait la tentative de prendre gratuite

ment pour lui le canal communal et de mettre le quartier à l'usage de l'eau de puits ! — Evidemment M. Dussac est un grand coupable, et un homme bien dangereux, et le citoyen qui le dénonce ainsi à la vindicte publique mérite, la reconnaissance de ses concitoyens. Mais quoi ! ce fameux redresseur de torts qui ne veut pas qu'on retourne aux anciens abus du passé, est ce même citoyen Desvallons Euger que les électeurs viennent de black bouler de la façon la plus péremptoire, la première fois au conseil municipal et la seconde aux élections du Conseil général, partout le citoyen Desvallons Euger a été repoussé avec perte : et remplacé par qui ? — Par M. Dussac lui-même. — Tiens, il paraît que l'opinion de Mons Desvallons Euger n'est pas l'opinion publique, et que tout ce monceau d'accusations et de récriminations dont nous venons de donner une faible idée n'est pas pris en sérieuse considération par la majorité des habitants de St-Leu. Voilà donc le suffrage universel, le souverain de l'époque dont le républicain Desvallons ne peut décliner l'autorité, voilà donc le suffrage universel qui prononce d'une façon éclatante, non pas une fois, mais deux fois, pour M. Dussac contre M. Desvallons Euger, — En vérité ce dernier ne devrait-il pas comprendre le ridicule et l'absurdité du rôle qu'il s'acharne à vouloir jouer dans la commune?

Il nous reste à examiner deux points que M. Desvallons traite longuement en terminant son article, si pauvre sous le double rapport de la forme et du fond. Disons rapidement un mot sur chacun de ces points, et nous aurons une idée assez complète de la façon assez étrange dont l'ex-représentant de Saint-Leu, bouscule la raison et le sens commun.

Premièrement, M. Dussac fait valoir comme considération à l'appui de la demande d'une certaine quantité d'eau, inutile aux besoins de la commune, qu'il est juste de lui tenir compte, à lui propriétaire du terrain sur lequel passe le canal communal, de cette servitude qu'il subit dans l'intérêt général. C'est une idée toute simple et parfaitement conforme à la justice. A cela que répond M. Desvallons ? Il répond que M. Dussac appelle son terrain les bords réservés de la Ravine du Cap, où passe le canal, et que si en quelque endroit ce canal traverse le terrain de M. Dussac, c'est en vertu d'une prescription reconnue par un arrêt, et que d'ailleurs en faisant des circuits et de nouveaux travaux on pourrait faire passer le canal ailleurs !

Comprend-on cette façon de raisonner? Cette réponse de M. Desvallons empêche-t-elle le canal de la commune de grever d'une servitude de passage plus ou moins importante le terrain de M. Dussac ? L'arrêt de la cour qui a prononcé la prescription pour ce qui concerne la servitude de passage, l'a-t-elle dépouillé de sa qualité de propriétaire ? Celui-ci a donc incontestablement le droit de faire valoir cette circonstance qui milite en faveur de sa demande.

Décidément, passons maintenant à une autre objection de M. Desvallons, et nous remarquerons encore que cet agréable citoyen est loin d'être féroce sur la logique nécessaire à la discussion des questions sérieuses :

M. Dussac en adressant au Gouverneur la demande en concession que nous connaissons, fait observer tout naturellement, ce qui est vrai, que la commune est actuellement demanderesse aussi bien que lui. La commune ayant, dans la circonstance, les mêmes droits qu'un particulier ordinaire, il est évident que lui, M. Dussac, il peut venir déposer une demande en concurrence avec la commune, mais c'est ce qu'il ne fait pas cependant : malgré tous ses droits, sa position intéressante, il se borne à demander une faible quantité d'eau, ce qui n'empêchera pas de satisfaire complètement les besoins de la population. Que dit M. Desvallons Roger, en présence d'un pareil langage ? — Il prétend que M. Dussac représente à la commune demanderesse pour la première fois les eaux du cap, comme s'il s'agissait de sources non concédées et récemment découvertes. »

— Là-dessus le citoyen Desvallons s'en va-t-en guerre : Il va créer, comme le chevalier Don-Quichotte ; dont il a peut-être un peu la figure, une armée de moulins à vent, qu'il se donne innocemment plaisir de combattre : — Quoi, des sources non concédées, et récemment découvertes. Est-ce que la commune de Saint-Leu, n'était pas en possession des eaux du Cap depuis la glorieuse année 1791, année où nous voyons apparaître sur le sol de la république les titans de la révolution. Et patati et patata. — Mais mon bonhomme vous dit le contraire? En ou diable avons-nous trouvé que M. Dussac vient dire au Gouverneur que les eaux du Cap ont été récemment découvertes.

Sans doute, les différentes sources de la ravine du Cap ont été toutes concédées depuis fort longtemps. Mais toutes ces concessions sont irrégulières, et dans une nouvelle mise en règle, si on refusait de l'eau à un agriculteur qui la demanderait pour fertiliser une partie du sol de la commune, cela serait indigne d'une bonne administration et d'un pays civilisé.

La question est actuellement posée devant M. le Gouverneur en conseil du contentieux administratif, n'en doutons pas, elle sera résolue à la satisfaction de tous les intérêts sérieux et légitimes de la commune et des particuliers. M. Dussac peut se reposer sur son droit et sur la justice de sa demande, son grotesque adversaire ne parviendra pas à l'amoindrir dans l'opinion publique, et a faire d'un homme de sa valeur, et de son caractère, un triste spéculateur; égoïste et dangereux.

V. G.

✽

Nous terminons ici les observations que nous voulions soumettre au lecteur à propos de l'article grotesque que le citoyen Desvallons Roger a cru devoir imprimer dans le « Nouveau Haïtien, » à la date du 9 août courant. Mais quelques personnes voudront peut-être savoir ce qu'il est résulté de ce grand coup d'épée dans l'eau. Pour l'amusement de nos lecteurs, nous ajouterons encore un mot à ce que nous avons dit sur ce sujet, et nous le ferons d'autant plus volontiers qu'il nous reste à remplir une page de blanc.

D'abord nous disons, ce que tout le monde comprendra parfaitement, que le résultat de l'article dont nous avons fait la critique, a été d'achever de rendre complètement ridicule l'ex-représentant dégommé de St-Leu qui se bat inutilement les flancs pour chercher à conquérir une célébrité démocratique quelconque.

M. Dussac a répondu quatre mots dans la Malle, à cet article qui ne contient pas moins de quatre grandes colonnes dans le Nouveau Salazien. La Malle a fait connaître au citoyen Papillon Léger que M. Dussac n'entend pas se commettre dans une polémique personnelle, où sa supériorité sur son adversaire est absolument hors de doute. Il y a des attaques qu'un homme qui se respecte ne prend même pas la peine de réfuter. Le Papillon Léger pourra donc papillonner dans le parterre du Nouveau Salazien, en toute liberté si bon lui semble, cependant Monsieur Dussac ajoute : sauf !...Ah ! il ne faudrait pas trop dépasser les bornes de la convenance et de la plaisanterie permise, les gascons ont quelquefois la tête chaude.

M. Dussac aurait pu dans sa réponse, réfuter, comme nous l'avons fait, tous les singuliers raisonnements hasardés par le citoyen Desvallons dans son article. Il a dédaigné cela, et s'est contenté de peindre l'homme en faisant connaître le mobile qui le fait agir.

Après avoir démontré, par une citation officielle des séances du conseil général, toute la haineuse mauvaise foi de son adversaire, M. Dussac lui adresse ce reproche si bien mérité :

« Tenez M. Enger, avouez-le — si toutefois cela vous est possible — l'article que vous avez commis dans la Nouveau Salezien est dû à votre naturel auquel vous ne sauriez vous soustraire. Vous avez été exaspéré de voir que tout en conservant l'alimentation de la population, à laquelle je tiens autant et plus que vous, ma demande en concession qui est juste et légale, peut me faire rentrer dans ce qui m'a été enlevé. »

Voilà toute la question, après cela, mons Desvallons est mort, et il n'y a plus qu'à chanter sur sa tête un « de profondis, » M. Dussac lui donne à méditer 2 versets de psaume 111.

www.ingramcontent.com/pod-product-compliance
Lightning Source LLC
Chambersburg PA
CBHW060908050426
42453CB00010B/1611